CIEL À PERDRE

AKSINIA MIHAYLOVA

CIEL À PERDRE

poèmes

GALLIMARD

LA CINQUIÈME SAISON

C'était facile avant.
Pris dans les filets de la pluie
dans le cordage des rues inconnues
nos corps se libéraient de leurs peurs
reniaient l'oubli et devenaient immortels.

C'était facile même après :
après avoir partagé la pomme,
le verre de vodka, le fado,
la dernière cigarette
et les coups du clocher au petit matin.

Puis la pluie a cessé.
Il arrive toujours un moment où la pluie s'arrête
car le nouveau Noé n'est pas encore né,
car nous n'avons pas encore construit notre bateau.

Alors, les araignées ont commencé à tisser
leurs toiles dans le noyer au fond du jardin,
si fines, si confiantes au coucher du soleil,
qu'elles ne pouvaient pas résister

au fardeau de mes pensées
qu'il était impossible de partager avec toi :

nos poèmes sont des pièges pour le vent*.

Mais comment pourrais-je attraper le vent
qui s'enfonce à travers les herbes folles,
poussées peu après la moitié de ma vie ?
Le vent qui se glisse comme une faux
en frayant le sentier,
où la tortue de mes désirs insatiables
traîne sa carcasse.

Je passerai sous silence
que tu es la plaque vertébrale
sur le toit de ma maison de tortue,
que le temps passe vite
et les minutes s'allongent
comme un dimanche pluvieux de novembre
dans ces altitudes
où tu n'es pas.

Que la plaque petit à petit se décolle
et le vent siffle par-dessous,
se faufile entre mon dos dénudé
et le toit de ma maison,
et le froid s'empare de mon corps.

---

* « Pièges pour le vent » (1987), recueil de poèmes du poète lituanien Kornelijus
Platelis.

Je ne te dirai pas
que quand elle tombera enfin,
je resterai à jamais immobile et muette,
couchée parmi les herbes folles
qui poussent depuis des siècles
sur cette péninsule maudite.

Je ne sais même pas pourquoi
je te raconte tout cela :
tu ne parles pas ma langue
tu n'es qu'une pluie d'été égarée,
passant par hasard
peu après la moitié de ma vie.

La venue d'une barbare

DE L'AUTRE CÔTÉ DE LA LIBERTÉ

Elle a pour maison toute une mer
et plein de fenêtres pour invitées.
Aussi chassez ce coq de l'escalier de pierre :
à l'aube, sa crête de feu embrasera les voiles
encalminées, à cause desquelles elle a coulé
dans ses yeux toutes les Ithaques.

Chassez donc ce coq
à présent qu'elle apprend à s'aimer
et que son corps souple s'habitue à l'ascèse,
à présent qu'elle promène sa frêle joie dans le jardin,
sans soupçonner combien de petites morts
l'attendent dans toutes ces fenêtres
qui ont assiégé la mer.

UN FOULARD LONG DE DIX-SEPT ANS

Nous hivernons depuis longtemps
dans des sud séparés
et nos rêves sont différents
mais nous les oublions le matin
c'est pourquoi nous volons encore ensemble.

Il est impossible de te raconter :
le jour de mars dans cette ville
est un foulard rouge ;
je lie le bout du matin
à l'embouchure de la rivière
et le vent le gonfle,
le promène dans les rues du quartier
et des pots de géraniums
poussent sur les balcons.

Je porte de la glaise et des brins de paille
dans mon bec
pour faire un nouveau nid.
Et je vole haut au-dessus des pavés,
et je vole bas au-dessus des toits
et je ne trouve pas l'endroit.

Au bout de la rue centrale
est le restant de la journée
entortillé autour de ton cou
comme une plaie
qui ne peut pas se fermer.

BLANC

J'étais la part féminine
de ton ombre,
celle qui pousse de ton talon gauche.
Je suivais en permanence
tes hésitations, tes peurs
je tournais habilement les rames
je me couchais dans tes pieds
ou bien liée au mât
je buvais de ton vin
et c'est ainsi que je traversais les détroits
de la tristesse.

De nuit, tu me reconnaissais
tu m'appelais avec des noms différents
et me semais au fond
des entrailles féminines du hasard.

Je n'ai pas tissé de voiles,
j'ai cajolé des mots
mais les marées des mots sont versatiles;
maintenant je ne suis ni l'eau
ni la terre ferme
ni la maison
où tu peux revenir.

SEL ET CHIENDENT

Un mât pousse dans l'œil de cyclope des nuages
et sur l'autre rive du songe – des poissons froids.
Berce-les sur tes genoux, contre le couteau :
les habits sont trempés de sel
ta bouche l'extrait des mèches de mes cheveux
de mes hanches :
              tu t'habitues avec.

Autour de toi
des voiles de bateaux, des voiles de pluies.

Les doigts restaurent lentement leur mémoire,
la marque du couteau
                    sur la ligne de la vie
se remplit de sang, craquelle.

Avec un visage enfoui dans l'âtre
              tu mâches la cendre,
dans tes narines remonte l'odeur de peau brûlée,
ma grand-mère au seuil de la vieille maison
somnole penchée sur le rouet,
ses mains dessinent des cercles
              dans le sommeil,

et orientent le fil
à l'ombre du pommier.

Sur l'autre rive du songe – des poissons froids.
Attire-les sur tes genoux, contre le couteau :
salées – tes hanches
tes aisselles.

Les corps, répétant toujours le même mouvement,
restaurent leur mémoire et
dans le ravissement de l'amour
s'effondrent
            remontent
s'effondrent
            remontent

jusqu'à ce qu'ils libèrent les âmes
et que la chair se mette à parler la langue
du serpent et du chiendent.

TISANE

La montagne roule ses dernières pierres chaudes
vers le bas et les murailles de la nuit grandissent.
Je serpente parmi les lacs doux de lavande
un sac plein d'herbes sur mon dos
et pendant que je m'essaie à deviner
où tes mains passent leurs nuits,
un oiseau attardé fait clapoter
avec ses ailes le violet de la lavande
et les gouttes atteignent jusqu'au ciel.

J'étale les herbes pour bien les sécher :
il y aura assez de tisane pour l'hiver
même pour remplir les coussins
éparpillés partout dans la maison,
comme ça tu ne te souviendras pas
où tu avais cousu le visage de la femme
pour laquelle tu t'es déshabillé deux fois
au cours d'un long point du jour.

C'EST UN AUTRE POÈME

Est-ce parce que nous habitons des latitudes différentes
et que l'automne vient tôt dans mon pays
pendant que tu voyages de ville en ville,
lis des poèmes et fais des analyses de Cendrars
en essayant d'expliquer pourquoi
« *si tu aimes il faut partir* »

moi, je remue la marmelade de prunes sur le poêle
avec la longue cuillère en bois de ma grand-mère,
je regarde le jardin, toujours le même à la fin de septembre,
je regarde la vie, toujours plus grande que nous
et je comprends qu'elle n'a pas de synonyme.

Les poules dans la basse-cour se disputent
un lombric qu'elles viennent de déterrer,
le voisin au milieu de son rucher
essaie d'introduire la nouvelle reine
dans la ruche qu'il a apportée hier soir
car c'est impossible pour deux reines
de vivre sous un même toit

et moi, je retire une abeille égarée
en train de se noyer
dans le troisième pot de marmelade.

SAISON DE CHASSE

Le renard fauve du coucher
s'est allongé sur l'horizon.
Des nuances comme celles-ci n'existent
que sur les cartes postales
avec lesquelles les touristes
remplissent leurs valises, croyant
qu'ils peuvent garder à jamais
ce bout de ciel acheté à bon marché.

La nuit s'approche lentement
comme un mendiant
et au cours de cette demi-heure
entre le jour et le crépuscule
je deviens peau et lèvres.
Accoudée au parapet je regarde
le bout lointain de la rue
où toi, vêtu des cent cinq promesses
d'un autre été,
tu mets en joue
le renard sur l'horizon
mais la saison de chasse n'est pas ouverte
et je ne suis que peau et lèvres.

Pour remplir ce fossé de l'attente
je m'assois à la table nue de l'automne
et je commence à arranger des phrases boiteuses
dans une langue qui n'est pas la mienne ;
le tas des lettres grandit et je ne sais pas
comment arracher tous ces mots
grimpant aux murs de ma maison.

La nuit avec un renard dans son sac en serpillière
s'assoit à l'autre bout de la table
mais je n'ai rien avec quoi la nourrir.

Elle ne sait pas si elle accueille ou si elle reconduit
les voyageurs par cet été de sécheresse.
Affairés, ils n'aperçoivent pas les reflets livides
de la mer qui s'étire sur son dos :
seuls les embruns sur leurs chaussures
les déroutent, lorsqu'ils traversent la salle d'attente.

Elle ne peut s'envoler ni rester.
Ses ailes cachent la chaleur des tuiles
et l'inconstance des vents.
Parfois, réveillée par la voix rauque
des haut-parleurs,
elle se pose sur le panneau des horaires
et provoque des retards inouis ;
une autre fois, elle cogne sa poitrine
sur les vitrages et dans sa chute
atteint un ciel oublié.

Colombe effarée de mon âme
dans la salle d'attente du monde.

UN SILENCE ROUGE

Dans les jours froids de décembre parfois
il colle son nez à la fenêtre glacée,
le souffle de ses narines fond le gel, puis la vitre
et à travers les trous on entend le sifflement
d'un train qui passe dans le lointain.

Il reste assis des heures dans un fauteuil
dispute avec quelqu'un dans la pénombre
et en agitant les mains, il renverse
le verre de vin sur la nappe blanche
qu'on met lors des fêtes :
un silence rouge.
Après il déplace le miroir de mur en mur :
j'ai perdu ma carte d'identité, dit-il,
les jours dans cette saison sont courts,
la lumière n'est pas suffisante
et je ne me reconnais plus.

En rentrant du travail,
je le vois casser des noix dans le salon,
ses yeux – des verres de rakia vides
avec quelques petites morts au fond –

sont fixés sur le miroir :
aujourd'hui je fais la fête, me dit-il,
où est le phonographe ?

J'entre dans la salle de bains pour laver
les pensées mauvaises collées sur ma peau
et entrer innocente dans la fête.
L'eau a la vertu de tout purifier ;
seule la loutre de l'amertume
enracinée depuis longtemps dans le cœur
se promène sans arrêt dans les quatre chambres
de sa maison.
Je ferme les yeux sous la douche
et je ne cesse de me répéter :
ce n'est pas important ce qui t'arrive,
l'important est ce que tu veux,
l'important est ce que tu veux...

L'eau déborde au-dessus du seuil de la salle de bains,
mes pantoufles pareilles à des canots de sauvetage
tournoient dans le vestibule, heurtent mes épaules
mais je n'ai plus de forces pour les atteindre.
Les voisins frappent déjà sur la porte d'entrée.

Il faut que tu sois un peu plus attentif, chéri.
Un jour tu vas te noyer
dans ce miroir.

Ça fait trois ans que je suis mort,
dit-il, en taillant un visage de femme
sur une coquille de noix cassée en deux :

il ne me reste qu'à graver son œil gauche
pour qu'elle recouvre la vue,
pour qu'elle revienne
que les voisins de l'autre bout
de la rue
　　　　　la saluent
que ses seins s'alourdissent
et commencent à sentir
le raisin et le lait.

Enlève le drap irrité
du coucher, me dit-il,
pour que j'y découpe des voiles
　　　　　de canot
qui vont me faire passer à travers
l'eau obscure de tes rêves salés
quand son œil gauche sera gravé
quand tu recouvreras la vue.

27

APRÈS

Elle enterra toutes les odeurs
qui lui rappelaient l'homme.
L'ombre sous ses pieds s'est mise à sangloter,
à trébucher au beau milieu des plates-bandes fleuries.
Les narines larges des narcisses se tournèrent
vers les racines profondes de la foudre en inspirant
le souffle des herbes derrière la colline.

Il a plu pendant trois semaines
et les escargots couvrirent de leurs traces
toutes les marques des nuits d'amour.
Tel un papillon mouillé
son corps s'est mis à frémir au vent du matin
transparent et purifié comme après un long jeûne,

libre, à mourir.

Attendre, vouloir attendre, savoir
attendre alors que l'après-midi lent se distille
à travers les fenêtres trop étroites pour
ces plafonds élevés avec des miroirs
où dans les coins s'accroupit la nuit.

Permets-moi d'ouvrir la porte,
cette maison n'est pas à ma mesure
avec ce grand lit en métal où s'allongent encore
les traces chaudes d'un corps d'homme.
À qui appartient ce corps, demandes-tu, à quel automne ?
Quelle importance pour la pénombre fragile du soir ?
Petit à petit les corps perdent leur chaleur
et les retours perdent leur sens
quand le froid irrépressible envahit le lit,
même si tu essayais de ranimer le souvenir,
tu ne toucherais plus le même corps.

Permets-moi d'ouvrir la porte
le brouillard monte lentement,
rampe à plat ventre sur le sentier,
le brouillard monte et enveloppe nos corps.

Impossible d'écrire les mots qui me rendaient heureuse :
« ta peau est si douce, j'ai peur
de te blesser en te touchant »,
impossible le changement
parce que jour après jour les mots
tuent la passion.
Maintenant c'est la solitude
qu'on échange en se la passant entre nous
telle la balle de notre fille, pas encore née.

Permets-moi d'ouvrir la porte,
cette vie n'est pas à ma mesure.

Un bouquet de couteaux

MAISON

Hier,
pendant que les branches nues du noyer
desserraient leur étreinte
pour l'unique pièce de bleu
au-dessus de la colline,
je comptais les doigts de mes mains
et je voulais tellement que nous ayons
plus de souvenirs communs,
les pommes cuites dans le four ont brûlé
et le lait s'est enfui.

Au retour de la boulangerie
j'ai laissé son chemin à une coccinelle
qui s'était trompée de saison
et je suis tombée dans un trou sur le trottoir –
demain, avant les grandes pluies,
je vais réarranger les dalles
et puis ma vie.
Mais ma voix
ne trahit pas mes pensées.

Maintenant, assise derrière la fenêtre,
en attendant l'hiver,

je regarde le ciel gris
et les dalles pas encore à leur place,
je regarde perplexe la botte de plâtre,
sur ma jambe droite, blanche
comme un mur fraîchement peint à la chaux,
je compte sur les doigts,
je calcule nos souvenirs communs
et je fourre la main gauche,
oiseuse, dans la poche de mon gilet.

La douleur dans ma cheville
me rejette dans la réalité :
le bleu du ciel d'hier est le remède,
pourtant il ne nous appartient plus,
me dis-je, pendant que tu m'offres
de l'aspirine et un verre d'eau.

Mais ma voix
ne trahit pas mes pensées.

PREMIÈRE NEIGE

Né avec l'été, maintenant il regarde stupéfait
ce tamis débordant de farine – le jardin,
il tend craintivement sa patte vers le blanc,
la retire vite comme s'il s'était brûlé
et miaule tristement sur le seuil de la cuisine.

Comme quelqu'un qui s'est réveillé
avec des cisailles à la main
dans une saison décalée
et qui regarde fixement la haie vive
qui entoure le jardin étincelant
des premières amours, de la première mort
en attendant qu'on le prenne dans ses bras
et qu'on l'emporte à l'abri sous l'auvent.

SANS ADRESSE

Peut-être que ce n'est pas en vain
que tu plantas la moitié de ta vie sur la colline
bien que les racines de ta maison
tentent de s'arracher au versant.
Les murs se crevassent et recopient
des paysages de cris
multipliant les sanglots étouffés d'un corps
qui a oublié comment aimer.

Tu peux examiner longuement ces paysages
jusqu'à ce que tu deviennes complètement sourde
que ton visage commence à ressembler à un mortier
mais tu peux les traverser comme s'ils étaient
                              des murs de pluie
et libérée des ailes de basalte de ta maison
t'élancer au-dessus des sapins enneigés
et te mettre à aimer de nouveau
les hivers du monde.

Le matin pendant que je me coiffe devant le miroir
il lit son journal.
Jour après jour je lui raconte
toujours le même rêve : la ville blanche
et le cadre vide, Breton et ses arums immenses
de désespoir, et je lui répète que
l'acte de l'amour et l'acte poétique
sont incompatibles
avec la lecture du journal à haute voix.

Peut-être je ne raconte pas bien
puisque dans la mer des nuits sans partage
à chaque fois surgit une île de sel.

Il prétendait avoir quelques ailes de plus
que les autres et qu'elles le tenaient
au-dessus des choses visibles,
tandis que je me perdais de plus en plus
dans ses paroles, dans les fauteuils éventrés
imprégnés de fumée de tabac,
sans m'apercevoir que la moisissure
gagnait les murs de la salle de bains et notre lit,
que les mots se dotaient d'incisives et que
le silence demeurait ma seule liberté.

Très rarement,
lorsque l'ange vient dîner avec moi,
la troisième aile qui pousse
juste au-dessus de mon cœur
et se pose entre le couteau et le verre de vin
change le sens des choses visibles.

NATURE MORTE

Les jours où tu oublies
mon numéro de téléphone
ou quand tu es en retard pour le dîner,
j'arrange un bouquet de couteaux
dans le vase d'argile à la fenêtre
donnant sur la cour intérieure,
je place le chevalet au milieu de la chambre
et je presse sur la palette
toutes les huiles
qui ressemblent à l'automne.

À travers les nuages de térébenthine
dans mes narines font irruption
des odeurs étranges :
la courbe du couteau ébréché
sent la truite brasillée
et la longue tige d'acier du couteau à pain
répand une odeur de champ de seigle ;
sur les deux petits couteaux,
avec lesquels on beurre les tartines,
j'étends la couleur brune rouillée
de nos petits déjeuners non partagés.

Au-dessus de tout ce bouquet
se dresse le couteau à deux tranchants
avec lequel je te fais
une salade de choux et de carottes,
ou je taille le brouillard épais
des souvenirs dans lesquels
je ne peux plus entrer.

Quand tu reviens enfin,
la salade a déjà aigri.
Je la jette dans la poubelle,
j'ouvre largement la fenêtre
et la chambre se remplit d'une odeur
de feuillage mouillé.
Et pendant que tes lèvres
parcourent les lésions verticales,
liant mon poignet avec le coude,
je te fais voir les buissons taillés
dans la cour intérieure
et les dernières roses jaunes
dans le vase à la fenêtre,
en cachant avec mon dos
le bouquet de couteaux
sur la peinture inachevée.

La nuit se glisse entre nos ventres collés
et ses doigts mordus évoquent dans ton sommeil
les gémissements d'une autre femme.
C'est le troisième automne
que tombent les fruits du figuier
que nous avons planté ensemble,
que nous avons aimé ensemble,
ça fait trois années
que les graines collent à nos corps nus,
quelle importance
que je te dise ou bien passe sous silence :
«celui qui aime ne blesse jamais».

L'un de nous va éteindre la bougie d'amour
et mon corps ne t'appartiendra plus.

SANS TOI

Après avoir ramassé les pommes de terre
rangé les tomates dans les cageots
et libéré les bras fragiles du pommier,
j'allume une cigarette et je m'assois
à côté de la plate-bande de basilic.
Mes narines larges ouvertes
je regarde longtemps les bougies blanches
et odorantes du basilic en fleur
et je coule lentement au fond du bourdonnement
des abeilles, en léchant le goût du miel –
pas encore mûr – collé sur mes lèvres.
Le soleil se couche dans le noyer,
un lézard traverse en courant la muraille
et ma peau respire, libérée de toi,
à la lisière de cet après-midi de fin août,
à la lisière d'un poème où
tu n'es pas.

ATLAS

Elle a trop vieilli cette carte
comme si les latitudes étaient les mêmes
mais tout autres les noms des villes et des saisons
qui recueillaient notre maison portable;
les ombres des habitants d'antan sont blanchies
à la chaux sur les murs
                    et les peurs passées sous silence.

On l'emmenait partout
                    notre maison
sous le bras sur le dos
jusqu'à un vendredi soir quand
cette prostituée vieillissante –
                    la mémoire
a tiré du débarras la boîte musicale
                    de mon enfance,
la ballerine et mes sept premières années
sous une couche épaisse de poussière.
« Regarde la carte de ton corps,
dit-elle,
          des fossés
sur les collines de tes seins

la source tarit entre tes cuisses,
quitte cette maison,
les poissons qui l'avaient habitée
jettent leurs œufs sur d'autres rivages. »

À présent j'habite une caravane,
je voudrais te raconter la joie
                              des petites choses
que le paysage nous donne
                              et nous enlève,
mais deux enfants jouent à côté de la route
et m'appellent « maman »,
un homme sur le siège auprès de moi
affirme
que je suis la meilleure chose dans sa vie.

Je ne peux te laisser aucune adresse,
les fenêtres de la caravane sont peintes
et je ne sais plus où elle va.

UN APRÈS-MIDI TARDIF

Accoudée à la fenêtre de la chambre d'hôtel
au niveau de ses yeux – un paysage
avec une tour à horloge et des pigeons
elle les tire à soi avec son regard
pour apaiser les oiseaux sauvages
dans son sang.

Il y a deux soleils ce samedi-là
elle racle le premier sur la vitrine d'en face
et le colle sur le coin ouest
de la carte postale,
l'autre soleil, épinglé à la tour,
elle le prend en photo
avec son œil gauche
et remet le négatif
sous sa langue.

Puis
elle prépare l'autodéclencheur
et enjambe la fenêtre.

QUAND JE SUIS PRISE DE DOUTES

Quoi que tu écrives,
tu n'exprimeras point le sens,
car au commencement n'était pas le verbe
mais la joie des corps.

Ensuite est venue la saison de la douce faim.

L'horizon a blanchi et les oiseaux ont attaqué les blés.
Les petits fauves des mots que nous nous lancions
mordaient, de plus en plus acharnés,
notre avenir commun et j'ai compris
que seuls mes sens articulaient
toutes les nuances du bleu
dont ton langage est imprégné.
C'est alors que je t'ai perdu
à la fin d'un poème.

À présent, le silence dans le cœur,
je regarde le ventre lisse de la lune d'août
frémir dans la tasse en porcelaine,
mais tu ne peux pénétrer dans ce paysage
car au-dessus des épaules
tu es un véritable hiver.

Aussi je reste dans ma réalité :
je te rends les mots
je garde ma joie.

Comme une locomotive à vapeur dans la salle d'attente

Toute la vie d'un homme est une préparation pour le manque de la femme unique.

A. SEKOULOV

ROSE ET SOUPE

Il arrive souvent aux hommes
de tourner le dos à la fleur sauvage
poussée parmi les herbes sèches dans leur sang
sous prétexte d'avoir mal aux yeux
ou d'avoir oublié son nom.
Ils mettent alors sur leur tête
un chapeau d'excuses
et vont arroser le persil fané
dans leur jardin bien cultivé et clos
ou bien entreprennent un long voyage d'outre-mer
et s'ensablent sur la première page d'un livre.
Et ce n'est qu'au soir, parfois,
qu'ils enlèvent leurs gants d'assassin
et examinent en cachette leur poignet pour voir
derrière les murs calcinés de leurs veines
si la fleur respire encore.
Mais tous les vents se sont tus
et les hommes ont perdu le nord
car la rose et la soupe
ne vont pas toujours ensemble.

Entre « *tu as ta vie, j'ai la mienne* »
et le lit défait de « *tu me manques* »
il y a un insurmontable décalage des saisons
il y a tes peurs et ma liberté
paralysée comme la locomotive à vapeur
dans la salle d'attente de la gare centrale.

Et comme un mécanicien fou
qui aurait arrêté le rapide des désirs
en plein champ de coquelicots
tu fermes les yeux pour mieux voir
la petite fille qui tire un ciel perdu
accroché à son cerf-volant

mais sur ta tempe suinte encore le baiser
dont t'avait marqué l'ange de l'oubli.

LE MOT

1

Nous sortons des paysages cachés du plus profond
de nous et les entassons sur la table
comme deux personnes qui se rencontrent
pour la première et dernière fois
et sont libérées du futur.
Nous fumons un demi-paquet de tabac,
fouillons le tas et comptons les os
germés dans nos âmes
mais nous ne pouvons pas trouver le mot
qui accomplit.
Peut-être est-ce à cause de la profondeur différente
des abîmes en nous
qui résonnent avec une langue
incompréhensible pour la peau.

2

Puis nous achetons des pamplemousses,
arpentons les ruelles du quartier juif,

il me tient par la main, il m'oublie
dans des librairies,
regarde, il y a tant de ciel dans les vitrines
ce soir, dit-il,
et me serre fort contre sa poitrine
pour que je ne lise pas dans ses yeux
le mot qui accomplit.
Les pamplemousses roulent sur le trottoir,
elles sont tellement fiévreuses ses mains
comme s'il avait peur de me perdre
comme s'il avait peur que je puisse rester.

UN TUEUR INNOCENT

J'ai déshabillé mes soucis et déboutonné
toutes mes amours avant toi, dit-il,
j'ai tout laissé à la consigne.
Me voilà nu et innocent.

Et j'ai cru que nous étions au seuil
d'une promenade sans fin après la longue attente
quand un des nombreux tiroirs de sa mémoire
s'est ouvert brusquement et le nom
d'une autre femme s'est enfoncé dans mon dos
comme un coup de couteau mal asséné.

Mais je reste vivante
car je suis de l'autre côté des choses,
j'habite une rue qui ne traverse pas son quotidien
et je fais semblant de ne pas l'entendre.

LE PORT D'AMSTERDAM

Son appareil-photo dans les mains
il me vise, recule, descend dans l'herbe
mais il n'arrive pas à me faire
plus haute que la tour,
il n'y arrive pas.
Moi, appuyée sur le garde-fou du pont,
je connais le secret :
s'il me serre assez fort, que mes pieds
ne touchent plus le sol,
mon ombre va enjamber la tour
et envahir tout le ciel en lui
avec sa mélancolie slave.
Mais il est raisonnable, il fait trop attention
aux maladies contagieuses
incompatibles avec son monde.

On s'arrête sur le quai et je m'achète
un petit bateau en plastique.
La prochaine fois j'irai à sa rencontre avec
le port d'Amsterdam en guise de cœur.
Et tout sera plus facile.

EN CACHETTE

Comme un renard dans un piège
il tourne et tourne en rond, désemparé
et il met ses chaussettes et enlève sa montre
et il met sa montre et enlève ses chaussettes
en cherchant désespérément à effacer
avec sa queue fauve
toutes les traces sur la neige des draps
pour entrer sans remords dans la soirée tombante.

Moi, plus pure que l'eau de la fontaine
qui sans rien demander se donne
au reflet de la flèche rouillée de la tour
je reste allongée en travers du lit
en caressant mon ventre nu
avec sa queue de renard coincé.

À UN NIVEAU TOUT AUTRE

Ta voix devient orange samedi à midi.
Alors, mon âme menteuse oubliant
sa cheville cassée saute comme affolée
trois niveaux plus haut
et s'installe sur le palier des voisins
au dernier étage, en renversant
deux pots de cactus :
20 degrés et un soleil avide sur les Balkans
en plein milieu de décembre,
il est grand temps que je comprenne
quel est ce jeu, cette anomalie
de la distance et des saisons
mais le châssis à tabatière est cloué.

C'est pourquoi
je mets mon portable sur vibrations
et malgré les ondes dangereuses
de ta voix je le glisse dans la poche
de ma chemise tout près de mon cœur.

Comment pourrais-je autrement comprendre
si tu m'appelles un autre jour de la semaine
qui tu caches dans la salle de bains ?

Chaque fois quand tu me dis
que demain n'existe pas
un vent masculin se précipite vers moi
gonfle ma robe et m'emporte
sur les hautes terrasses d'un septembre
où je peux longuement regarder ton ombre
m'approchant de tous les côtés.

Et il est inutile de te répondre
que l'absence aussi est un verbe
qui ne se conjugue qu'au présent
car chez toi c'est déjà l'hiver
et tu as raccroché l'écouteur.

CONCERT EN PLEIN AIR

Schubert se faufile entre les grilles dorées du château
et atteint le champ de maïs encore vert
comme s'il voulait cacher toutes tes absences
derrière mon dos, tous mes essais
pour te voir et te reconnaître dans vingt ans
dans les yeux bleu fané du vieux monsieur
qui tient avec tendresse
la main de sa compagne assise à ma droite.

J'ouvre le parapluie, je ferme les yeux
et je te fais asseoir sur la chaise à côté de moi
comme ça tu ne prendras pas froid
sous cette pluie fine en plein juillet
comme ça tu auras juste une place précise
50×50 dans mes pensées.

Le concert est déjà fini mais je serre mes paupières
pour ne pas voir ta chaise monstrueusement vide
et ton absence peupler de nouveau
l'air limpide entre le maïs encore vert
et mes hivers à venir.

Puisque je ne sais que faire de mes mains
je serre un panier de figues contre ma poitrine
pendant qu'il s'éloigne du jardin de la joie
ayant boutonné le dernier rayon de soleil
sur sa pomme d'Adam.

Demain il va encore enfermer à clef
dans le tiroir le plus bas de son quotidien
une aquarelle figurant le désir de changer sa vie,
il va secouer mes odeurs de sa peau
comme une abeille le pollen d'acacia
collé sur ses pattes
et regagner sa place parmi les statues
qui étalent des manuscrits au-dessus de leurs têtes
en guise de ciel.

Je croyais que j'avais planté en lui une fleur.

Des pas craintifs, des draps froissés
et les chiens de l'insomnie
qui grattent toute la nuit sur la porte d'entrée.
Il devient petit, il sèche, le corps non désiré
et les os s'amincissent,
une pierre dans les entrailles,
dans la gorge, sur la langue,
des limaces sortent du dessous des pierres
et sur leurs traces gluantes se faufile la solitude.
Comme un aveugle tu marches à tâtons
en avant, en arrière,
de l'un à l'autre bout du désir tari.
Dans les couloirs humides de la maison
pousse du moisi, verdâtre,
comme ses yeux, comme ses pleurs.
Elle est à qui cette maison?
Et quelle est cette ville, et qui
te consolera dans cet après-midi
pendu au parapet?
Peut-être la femme
aux lèvres gercées, à la langue sèche

au mamelon blessé du sein gauche
ou bien le désir de la cajoler
et de lui rendre sa liberté.

SUR LE CHEMIN DE RETOUR

Non, je n'ai jamais vu un arbre triste
mais je ne veux plus refléter le monde
comme un miroir ébréché,
découper les solitudes des après-midi de dimanche
en suivant la lumière qui saute de jardin en jardin,
raccommoder les bouts de mers inaccessibles
que tu m'envoies et je suis hors saison.
Le facteur a déjà vieilli et je n'ai pas encore réussi
à réconcilier le temps et le sel.

Parfois, je fais un éventail des cartes postales,
et je regarde de loin les façades des maisons,
pareilles à des volées d'oiseaux,
prêtes à repartir et douloureusement blanches
comme le ventre des hirondelles sur les fils
à la fin d'août dans mon pays.
Je n'ai jamais vu un oiseau triste non plus
car les oiseaux *ne se nourrissent pas*
comme les hommes *avec une vie d'autrui pour vivre**
mais je suis fatiguée d'être à moi seule le capitaine,
le bateau et la mer, et les vents tardent.

* Citation de Wisława Szymborska.

Je ne sais pas si je monte ou descends
cette colline mais les matins sans toi
sont une église vide où j'entre et prie : *Seigneur,*
je veux seulement ce que tu veux pour moi.
Et toi, qui n'entends pas mes pleurs,
pour quoi pries-tu ? Regarde, la lumière
sous le dôme tresse un filet argenté qui m'enlace
et me tire déjà vers le haut.
Toi, qui pêches des nuages,
fais un peu de place dans ta mer interne
pour l'impossible étrangère que je suis
avant que le crépuscule ne tourne la clef
de ta vue.

C'est tout ce que je peux dire pour le monde
qui t'a amené chez moi
et avant que je reprenne le chemin de retour
où ce monde sera un reflet de ce que je suis,
écoute l'oiseau dans mes yeux qui demande :
As-tu jamais vu un arbre triste ?

Nuages renversés

Le monde change quand deux êtres se
regardent et se reconnaissent...

OCTAVIO PAZ

HIÉROGLYPHE

Nous parlons de plus en plus rarement ces derniers temps
c'est pourquoi j'oublie même les mots les plus simples
et il me faut ouvrir plus souvent le dictionnaire –
il ne m'aide pas toujours
et je crie : répète, je n'entends rien,
quand la pluie battante frappe frénétiquement
le toit de la cabine téléphonique
ou celui de l'autobus surbondé
où je reste debout sur une jambe comme une cigogne.

L'homme à côté de moi veut me vendre
un mot : je fais semblant de ne pas comprendre.
Les gens, cachés derrière leurs journaux,
nous regardent et sourient.
J'enlève les écouteurs de mes oreilles
et je lui réponds : ce mot
on ne le vend pas, il habite
page 463 du dictionnaire encyclopédique,
on l'offre.

Quand je rentre à la maison
le cadre noir qui enferme le hiéroglyphe

de l'amour sur le mur nord de la salle de séjour
s'est couvert de rejets de peuplier :
les deux traits noirs dans sa partie inférieure
ressemblent aux pattes d'une mouche pendue
dans une toile d'araignée abandonnée.

C'est un mot tout différent,
me dis-je, en fouillant les dictionnaires,
et je ne sais que faire avec lui : trouver
un autre passe-partout, bâtir un nouveau cadre
ou bien lui acheter un billet d'avion ;
je ne sais même pas s'il est à vendre
ou si simplement on l'offre.

LÀ OÙ LE SOLEIL SE LÈVE
DANS DES FENÊTRES DIFFÉRENTES

Il enjambe les flaques sur le trottoir
et les nomme *nuages renversés*
puis frôle la cicatrice laissée par un papillon
sur mon poignet
et la nomme *liberté ajournée.*
Je creuse une fenêtre
dans le mur est de son âme
et je la nomme *ciel à perdre.*

C'est ainsi, en surmontant
la cinquième direction du monde,
que nous construisons
notre maison impérissable.

PLUIE

Ça fait déjà une demi-heure
que je reste sous la douche
et je n'arrive pas à me laver de ce songe
persistant où tu m'abandonnes
au milieu d'un marché de légumes
dans une ville du Sud.
Les marées hautes de mon sang jettent
du sable et des méduses dans mes yeux
et je ne peux pas voir comment tu t'éloignes
en emportant la joie d'une autre
appuyée sur ton épaule.

Avril ouvre déjà ses terrasses
mais le chat en moi ne s'est pas réveillé
depuis tant de nuits;
les toits chauds de tôle
les toits ensoleillés de tuiles
sont des paysages d'une autre saison.

Je fais une plate-bande sous le figuier
je serre des graines de valériane dans ma main
et je leur parle dans un patois étrange

mais la pluie tarde
et tu ne comprendras pas cette fois encore
comment m'aimer.

Un nuage descend au-dessus de ma tête
comme une promesse.

UN ARCHIPEL

Couchés dans la lavande
nous tirons du coin de l'œil
la couverture d'un nuage rare
dans la brise du soir tombant.

Tes mains apprennent
la géographie de mon corps,
les bouts de nos langues se touchent –
isthme temporaire
entre deux îles solitaires
                    dans la mer de lavande.
Tes vaches bleues paissent les vagues de mes prés
lèchent le sel qui fond sous mes bras
et jusqu'à ce que la lave en éruption
                    soit refroidie
non fécondée
dans le creux de mon ventre
tu me dis :
                    deux îles ne font pas un archipel.

DES ÉPOUVANTAILS

Quelle est cette araignée dans tes cheveux?
La réponse m'embarrasse et je ne comprends pas
comment tu ne peux pas réaliser
que ce n'est pas l'amour
mais un essai de survivre chacun à sa façon
avec quelques mots sur le dos d'une carte postale
ou bien avec le paysage de cet après-midi
à la veille de la Transfiguration
quand nous nous sommes égarés sur la route
et pendant que tu examinais les poteaux indicateurs,
je regardais perplexe derrière ton épaule droite
le champ de tournesols
qui avaient tourné leurs dos
au soleil.

Peut-être est-ce ainsi que l'amour
dément son nom
quand un jour fatigué de compassion
il cesse de suivre par habitude
le chemin du soleil,
alors les moineaux avides se précipitent
sur les disques d'hélianthes.

Et nous restons plantés parmi les tournesols
comme deux épouvantails inutiles.

IL M'EXPLIQUE LA RAISON
DE NOTRE SÉJOUR

Couche-toi à côté de moi
avant que l'aube ne vide sa gorge,
sois mon aile gauche.

Si je m'envole avec toi
je serai un oiseau anonyme
dans les lisières de ton ciel impitoyable.
Regarde nos corps, ils communiquent
puisqu'ils gardent leur liberté et la chaleur
de quelques coups d'ailes d'antan.

C'est ainsi que nous traînons sur les trottoirs
de ce continent, chacun dans sa volée,
picorant des grains que le hasard nous jette
trébuchant à l'ouest, se donnant à l'est
et ce n'est qu'une fois par an
que nous devenons un oiseau immortel.

SIGNES

Un bateau sous l'horizon feuillette la mer.
Des goélands affamés tournoient
au-dessus des marais salants
en faisant des ellipses – des abris pour le sel noir,
pour le sel blanc
avant les pluies d'automne.
Comme des stèles détachées du sépulcre céleste
deux oiseaux écartés de la volée tombent
avec un cri élégiaque
à un demi-mètre de la terrasse
et sur les voitures du parking
une langue déjà morte
s'émiette en syllabes de pierre,
une poussière âcre couvre Ovide
mais il est trop tard pour rassembler
ces augures, trop tard pour les lire.

Je ne suis pas dans ces pages d'écume lumineuse
qui submergent les rives de nos solitudes parallèles,
ni sur cette terrasse, ni au-dessus des toits.
J'avais atteint le cœur de l'homme
et je m'étais éloignée de moi-même,

mais nous avons vécu plusieurs fois Dieu
avec l'âme de l'homme
et je suis rentrée en moi.

Il fait un calme d'après-midi maintenant,
je regarde l'horizon qui ne se déplace pas depuis des années
et j'attends que les mots jetés dans l'espace
reviennent comme une fleur d'orange ou
comme une douleur pour que je les caresse
et les laisse entrer en moi.
Maintenant je t'écris :
je ne cherche pas des signes à la surface des eaux
quand tu es à Sète et moi en Crimée,
dans la zone de l'amour
on n'a pas besoin de langue.

Mais tu ne lis pas le cyrillique.

ARRANGEMENT D'UN MANUSCRIT

Les feuilles sur le plancher sont
une chorale de pigeons irrités
entre les portes de la terrasse
et la salle de séjour.

Nous en faisons de petits tas,
en donnant un nom à chacun
et nous les rangeons en forme de croix.

Puis tu bandes leurs pattes cassées
tu épouilles les plumes inutiles
de leurs ailes – les points, les tirets
pour que leur vol soit plus léger
là-haut parmi les nuages enceints
au-dedans de ta jalousie masculine.

«Ici, tu as volé sans moi,
je ne peux pas ajouter
ou enlever
même une virgule…»

Le soir même nous remettons
tous les pigeons en liberté
du huitième étage vers le ciel.

COMMENT CONSOLER UN AMI

Elle va revenir un jour même si tu changes d'adresse
peut-être s'est-elle égarée sur les routes
car il y a trop de neige sur tes collines
trop d'embouteillages dans ton quotidien
ou ton chandail est devenu trop étroit
et l'enfant en toi crie « Au secours ! ».
Elle est menteuse, je te l'ai dit mille fois
mais tu as toujours été très têtu
et tu ne m'as jamais lue attentivement.

À présent elle dort sur mon oreiller
c'est pourquoi je te parle à mi-voix
regarde-la, ses jambes sont aussi longues que les miennes
mais je ne sais plus avec qui elle fait l'amour
quand elle crie dans ses rêves.
Elle va revenir, innocente et fragile,
ne la cherche pas dans des lits différents,
un jour ses hauts talons viendront chanter sur le carrelage
de ta maison, un jour tu vas reconnaître sa langue humide
sur ta pomme d'Adam,
mais même à ce moment-là il ne faudra pas
la croire, la poésie.

C'est ainsi que je lui parle parfois
mais peut-on consoler un ami
avec lequel on partage une même maîtresse ?

Hier, je l'ai entendu dire :
maintenant que les pluies commencent
que l'été touche à sa fin
et que la cicatrice de l'étoile
qui se couchait de nuit sur ma poitrine
devient de plus en plus pâle,
qu'est-ce qui va me rester de cette femme ?

RELIRE CAVAFY
OU LA VENUE D'UNE BARBARE

Je sais que tu as gardé en toi quelque chose
de la liberté de ce matin-là
bien que dans toutes les fenêtres de l'été
même dans celle de ton plexus solaire
il y ait une femme.

Mais tu continues de t'obstiner
en tiraillant ma moitié gauche
dans ton univers bien rangé,
en m'embrassant partout et m'appelant *barbare*
quand mon rire brise toutes les serrures
et s'installe dans ta chambre la plus secrète, ou bien
quand je tente de te dire que ce ne sont pas des poèmes
mais des mots simples avec lesquels je nomme
tous les manques de jadis et d'aujourd'hui.

Et tandis que tu me caresses de mille façons différentes
et ta main gauche fait semblant de ne pas savoir
ce que fait ta main droite,
j'étire ma jambe hors du lit ;
le drap blanc, pendu sur ma cheville,
s'agite légèrement comme un drapeau de défaite

et j'ai peur de mettre mon pied sur le plancher
car au-delà du lit coule un autre temps.

Et tu restes depuis des années
devant l'armoire, tu habilles les cintres vides
du monde avec mes foulards bigarrés
en essayant en vain de calculer
combien de la liberté de ce matin
est restée en toi
avant que tu oses fermer la dernière fenêtre
de l'été et revenir dans ton univers bien rangé
assiégé déjà par mon rire barbare.

Avec des yeux d'anges
enfermés dans un asile

DES LEÇONS PARTICULIÈRES EN MAI

J'essaie de t'apprendre le cyrillique des odeurs :
que le géranium sur le balcon d'en face
est plus qu'une fleur
que le tilleul en juin
est plus qu'un arbre
mais on n'avance pas assez vite.
Ton index suit l'ombre de la bougie
qu'un vent léger balance sur la page ouverte
en dessinant des frontières versatiles
entre toi et moi
pour te protéger
comme si tu étais le petit garçon
qui a perdu autrefois sa boîte d'aquarelle
en rentrant de l'école
et qui continue encore
à peindre le ciel perdu de son enfance et les collines
avec la même couleur.

LES FILLES DE L'EST

Que cherches-tu dans ce ciel effeuillé
sans un oiseau dans la forêt des nuages

regarde les photos noir et blanc
elles sont belles comme des icônes
les filles de l'Est.

C'est un autre automne maintenant
les filles de l'Est ne pétrissent plus le pain
les fils sont partis gagner une autre vie
dans des vallées en silicone
les mères apportent de l'eau
aux mères d'autres terres
sous des cieux étrangers
qui ne chantent plus
le petit nuage blanc
de la comptine bien connue.

Ramasse les vieilles photos
maintenant les filles de l'Est
imitent les Grâces de Rubens
toutes en silicone

elles mâchent du préfabriqué
en ruminant leur liberté
et les mauvaises herbes poussent
dans les jardins.

Je veux vivre avec une femme
pas avec une icône,
                            me dit-il,
et il se met à aspirer
le clocher de la « Sainte Marina »
avec son téléobjectif.

UNE ROBE ROUGE

à Rossi

Un cœur palpite dans le dédale de chaque songe
et cache dans ses ventricules
des promesses de délivrances illusoires.

C'est la septième fois que je te perds dans cette ville
clouée à jamais par ses ponts
vers un fleuve où les noyés de l'Europe
déposent le frai de leurs rêves.
C'est la septième fois que tu oublies
pourquoi tu es entré dans mon songe
et tu t'en vas,
avant que je réussisse à te convaincre
que les minotaures sont des personnages
d'une autre mythologie.

Puis je me précipite à corps perdu
vers la gare des trains :
des soldats marchent au pas dans les rues,
des marrons grillés roulent à mes pieds,

je vois démarrer la dernière composition :
sur la plate-forme ouverte de ce songe en noir et blanc
parmi des valises, paniers et chapeaux grisâtres
saigne une seule tache de couleur –
une femme me fait des signes avec les mains,
sa voix rauque ressemble tellement à la mienne
mais je n'entends pas ce qu'elle me crie,
je ne peux pas entrer dans ma robe rouge.

Quand je me réveille, prise d'une sueur froide,
je te demande pourquoi tu m'as encore abandonnée
tu me regardes d'un air absent
et me dis avec la voix aimable
du répondeur de la salle de séjour :
« si tu décides de m'inviter dans un autre rêve
mets la robe rouge que je t'ai offerte jadis
et on ne t'abandonnera pas, ni moi
ni la femme du train
mais il est peu probable
que tu t'en souviennes au matin ».

Le dédale de chaque songe
cache des délivrances illusoires.

VILLE À PARTAGER

Allons à Venise, chéri
avant qu'elle ne coule

Après nous sommes montés
dans le vaste grenier de la nuit
nous avons fait l'amour parmi les vieux meubles
couverts de poussière d'étoiles d'antan
et nous n'avons pas vu la pluie
et ses mille becs qui picoraient longuement
des graines de blé sur le toit.

Le matin
les deux chaises qu'on avait oubliées
sur la terrasse d'hôtel tournoyaient dans l'eau
comme deux barques qui après s'être touchées
avaient perdu le nord.

C'est notre Venise, dis-je,
viens avant qu'elle ne coule.

UNE DERNIÈRE DÉDICACE

Dimanche à midi.
Le soleil fait exploser
les vitrages de « Sainte-Anne »
et des morceaux de lumière rouges
bleus indécents et verdâtres
s'éparpillent sur le carrelage.

Il fait sa valise.
J'enfonce deux morceaux verts
dans mes yeux et je l'examine
dans le miroir en essayant de deviner
ce qu'il va oublier :
un chapeau – deux œufs de pie dedans
quelques cartes postales
et le plan de la vieille ville
avec des graffitis sur les murs :
« 12 km d'ici jusqu'au ciel ».

Ma voix
et mes gémissements dans la nuit
il les met dans sa valise.
Restent cependant suspendus

à la jalousie
quelques mots mal compris.

Les pies et nous
on ne parle pas toujours la même langue.

UNE PHOTO

Nous n'avons pas eu de temps pour traverser
toutes les nuances du rouge
mais nous avons connu d'autres délices
c'est pourquoi tous les objets
se souviennent encore de leur destination.

Mon portable rouge avec sa mélodie
me prévient de parler plus bas
car on pourrait bien nous entendre
les petits poils, irrésistiblement rouges,
de mon foulard sur la photo
te supplient : enlève-le, jette-le
sur le plancher grinçant.

Et te voilà
au bord de ton indécision
essayant de retenir mon corps chaud
et les rires incandescents
que mes cheveux en désordre cachent
et bien que tu connaisses d'autres délices
et d'autres couleurs essentielles
comme la rage, comme un départ non désiré,

caresse encore une fois et demie
mes cheveux

avant qu'il soit trop tard
avant que les neiges me recouvrent
et que je devienne ce bonhomme de neige
que tu as oublié jadis
dans le jardin de ton enfance.

JAZZ

Tout comme les villes partagées,
inaccessibles déjà, que nous emmurons
l'une après l'autre dans nos poèmes,
l'église entre en fragments
à travers les fenêtres carrées du bistrot :
d'abord les vitrages ternis et le son des cloches
puis le dos du mendiant
qui capte le soleil anémique de décembre
et dénie la voix débordant le zinc
qui chante *summertime and the living's easy.*
Mais le dôme, alourdi
par la grâce divine collée sur lui,
est trop grand pour cette table
où nous restons figés
avec des yeux d'anges
enfermés dans un asile.

GRIS CLAIR

Passer une nuit blanche
en s'obstinant à dévoiler les couleurs à venir
de ce ciel étranger et capricieux
mais ne récolter que les cris des corbeaux
et le roucoulement des pigeons
au petit matin.

C'est comme si tu poussais en vain la porte
pour entrer dans mon hiver
sans avoir jamais ressenti le goût
des flocons de neige sur ta langue.

DES VOIX

Rejetés dans cette ville
comme dans une maison abandonnée,
trois rues, des jardins d'octobre
et ta voix – une lente pluie d'après-midi.
J'arrange de nouveau les mots,
appesantis par l'humidité,
la deuxième chaise est inutile,
l'humilité s'arrondit
telles les deux pommes sur la table,
le doigt dessine des carreaux sur la nappe,
aucun de nous deux ne parle plus
du couteau et du pommier.
Est-il venu le temps que tu me caresses ?
La peur du tranchant
et l'incapacité de couper au moins
l'une des deux pommes
suintent dans l'attente
et rendent la réponse oiseuse.

L'ENDROIT

Cette nuit encore nous restons
cloués à la table en bois
comme deux pierres arrondies
dans le lit d'une rivière qui s'assèche.
Les truites, plus abondantes que l'eau,
remontent vers la source.
Cette nuit encore
revient la voix de l'ami mort :
chaque mot prononcé,
chaque événement de l'Univers
nous dirige vers l'Endroit.

Si à cet instant précis
avant que le cierge ne se consume
nos mains parviennent à se rencontrer,
le temps se rétrécira entre nos paumes
dans une balle en caoutchouc.
À l'intérieur l'air pulse, l'air est palpable
il n'y a ni passé, ni futur,
la prophétie de la jeune Tsigane
devant les Halles n'a aucune importance
si notre amour fertilise le temps,

la larve d'hier sera aujourd'hui papillon.
En perdant et en recevant,
nous nous dirigeons toujours
dans la même direction :
le don d'aujourd'hui, la perte de demain
nous conduisent vers l'Endroit
où nous nous reconnaîtrons
dans une autre vie.

INNOCENTS

Quand je suis descendue la première fois
c'était avant la marche lente des lucioles
au-dessus des champs d'orge au temps des moissons
avant les doigts silencieux le long de l'échine
avant de m'habituer à panser l'aile cassée
du songe au petit matin.
Je cherchais un autre corps
pour que nous nourrissions ensemble la vie
mais personne n'a crié mon nom.

Quand je suis descendue la deuxième fois
c'était pour apprendre l'alphabet des petites joies
mais les grenades sur l'arbre de connaissance
étaient encore vertes et pour nourrir l'éternité
nous sommes entrés dans les eaux lentes
comme des amants
et sortis comme frère et sœur :

entre toi et moi – la lumière.

L'ART DE DIRE ADIEU

Il est impossible de prévoir
à quelle heure du samedi
tu seras saisi de nouveau par le désir
de surmonter la gravitation du quotidien,
de rejeter la liste des choses à faire
dans le cendrier plein de mégots,
de prendre vivement ton chapeau
et de claquer la porte derrière toi
avec l'explication mille fois répétée
que ton nombril est jeté quelque part
dans les rues de la ville
et qu'il est grand temps que tu le retrouves.

Tout ce qui fait partie de toi
a bien le droit d'exister :
le mal de dents que tu promènes acharné
dans le tard de l'après-midi,
les leçons que tu essaies d'apprendre
pendant toute une vie :
celle du ciel qui s'ouvre et se ferme
une seule fois par an
et tu ne réussis jamais à te souhaiter

l'essentiel ;
celle des sandales que tu n'avais pas mises depuis des années
mais qu'il t'est difficile d'abandonner,
ou l'art de dire adieu,
en choisissant parmi quelques tendresses
la plus juste.

Parfois le Dieu du samedi envoie
un vent violent qui emporte le nom
du chat perdu qu'un garçon crie
désespérément de sa fenêtre au troisième étage.
Une autre fois il dépose une cabine téléphonique
juste devant toi ou bien colle sur tes genoux
le sourire de la fille sur l'affiche publicitaire
pour des vols low cost.
Tout, autour de toi, tournoie dans l'air
et change les paysages sur les vitrines d'en face,
seuls ceux de ton âme
résistent au vent.

Quand tu ouvres les yeux
le garçon du troisième étage
serre contre sa poitrine le chat retrouvé,
sur le trottoir en bas rougissent
les morceaux d'un pot de géraniums brisé,
l'écouteur dans la cabine téléphonique se balance
sur son cordon ombilical rouillé
et tu comprends subitement
que la gravitation terrestre est incompatible
avec la gravitation du cœur
que tout dans ce monde est dépendant

de l'art de dire adieu
en choisissant parmi quelques tendresses
la plus juste.

Et tu reprends le long chemin
vers la maison.

Comme une locomotive à vapeur
dans la salle d'attente

Nuages renversés

Avec des yeux d'anges enfermés dans un asile

Achevé d'imprimer par Évidence
au Plessis-Trévise, le 19 janvier 2015
1ᵉʳ dépôt légal : mai 2014
Dépôt légal : janvier 2015
Numéro d'imprimeur : 4355

ISBN 978-2-07-014508-9 / Imprimé en France.

281915